C'est vrai...

C'est vrai que, ce soir-là, il fa

C'est vrai que, ce soir-là,
on n'y voyait pas grand-chose...

Mais quand même ! Elle aurait pu faire attention Mylaidy... Et surtout voler un peu moins vite ! Car un 24 décembre, dans le ciel, on risque de rencontrer...

LÉA

Le Père-Noël !

AÏE ! AÏE ! AÏE ! IL NE ME RESTAIT PLUS QU'UN SEUL VILLAGE À VISITER ET MON TRAÎNEAU EST TOUT CASSÉ... À CAUSE DE VOUS, MYLAIDY ! VOUS NE POUVIEZ PAS FAIRE ATTENTION NON ?

BEN... EXCUSEZ-MOI PÈRE-NOËL...
MAIS... MAIS NE VOUS INQUIÉTEZ PAS,
JE VAIS VOUS REMPLACER !

D'un bond, Mylaidy s'est emparée de la hotte du Père-Noël et s'est envolée aussitôt vers le village.

ATTENDEZ... MYLAIDY, REVENEZ !
IL FAUT QUE JE VOUS EXPLIQUE !

Trop tard ! Mylaidy venait de marmonner une de ses vieilles formules magiques dont elle n'avait pas vraiment le secret...

ABRACACADI-ABRACACRADO
PARLESCHEMINÉS...
ABRACACADI-TOUMÉBOKADO
YVONCHEMINER !

VOILÀ PÈRE-NOËL, J'AI TERMINÉ !

DÉJÀ ?

DITES-DONC, MYLAIDY, VOUS AVEZ BIEN VÉRIFIÉ LES ÉTIQUETTES ET LES ADRESSES J'ESPÈRE ?

LES ÉTIQUETTES ? LES ADRESSES ?
QUELLES ÉTIQUETTES ? QUELLES ADRESSES ?

BAH, CELLES QUI ÉTAIENT INSCRITES SUR LES CADEAUX PARDI !

HA
HO
HA
HO
HA
HA
HA
HO
HA
HA
HA
HA
HO
HA
HO
HA
HA
HA
HA
NIKO

BEN... HEU... OOOH...

Et le lendemain matin, dans le village...

P’tit Paul a eu droit à une petite culotte de soie rose...

superbe dentier qui parle !

Quant à Pépé-Marcel et Mémé-Lucienne...

Une robe de princesse et
un robot radio-télécommandé !